AUTOR

Gerrit Meyer wurde 1961 in Niedersachsen geboren,
hat 2 Kinder und ging der Liebe wegen in den frühen
Achtzigern nach Baden-Württemberg, wo er anfäng-
lich zum Büro- und Einzelhandelskaufmann ausge-
bildet wurde. Nach vielen Etappen in Deutschland
und im nahen Ausland als Einzelhandelskaufmann
ergab sich die Möglichkeit, als Angestellter im Ge-
sundheitswesen tätig zu sein. Gerrit Meyer wäre nie
auf die Idee gekommen, Gedichte zu schreiben, aber
eines Tages war ihm einfach danach ...

Gerrit Meyer

KRAFT FÜR DEN WEG

Spiegelbilder

© 2014 Gerrit Meyer
Alle Rechte vorbehalten. All rights reserved.
3. Auflage 2019

Verlag und Herstellung: BoD Norderstedt
ISBN: 978-3-7481-0507-7

Illustrationen: Daniela Henninger
Umschlaggestaltung: Gerrit Meyer

INHALTSVERZEICHNIS

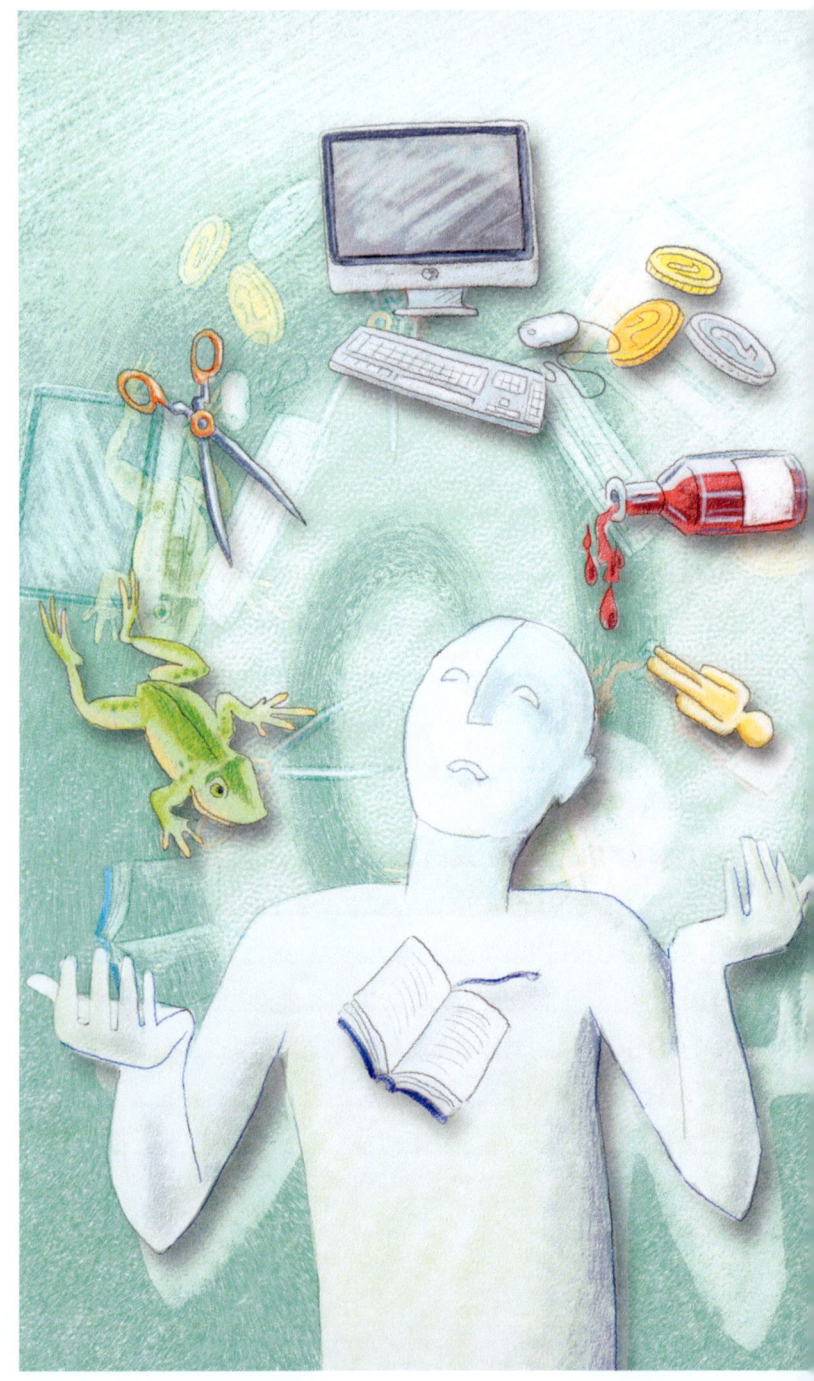

KRAFT FÜR DEN WEG

Wenn du wieder einmal zu viele Sachen
auf einmal erledigst, kaum noch etwas wahrnimmst
von den Menschen und Dingen um dich herum,
am Abend erkennst, dass der Tag vorbei ist,
ohne dass du etwas davon hattest,
voller Panik siehst, dass das Leben
auf diese Weise spurlos vorüberzieht,
ohne dass etwas von dir übrigbleibt,
und du verstehst, dass man Zeit
nicht anhalten kann,
so möge dir dieses Gedicht weiterhelfen ...

DIE SEKUNDE

Geh den Weg und sieh nie mehr nach hinten, alles,
was du siehst, läßt deine Kräfte nur schwinden,
trägst du doch heute schon wieder Last
wie ein Vieh, mit dem Ballast von gestern,
gehst du sicher in die Knie,
mit dem Päckchen von morgen
gerätst du ins Wanken, nimm nur die Sekunde
und schon öffnen sich die Schranken ...
Du wirst ein neues Leben in dir finden,
niemals wieder werden deine Kräfte schwinden.
Du wirst erfüllt sein von Licht und von Vertrauen,
du bist eine Stütze und auf dich kann man bauen,
dein Leben wird von Sekunde zu Sekunde reicher,
Vergangenheit und Zukunft, das wird nun bleicher.
Die Sekunde wird zur Stunde, der Tag zum Jahr,
vergessen ist die Angst,
was wohl wird und was mal war.
Es ist zwar alles überall noch vorhanden,
doch mit Abstand quält es nicht mehr,
das hast du verstanden.
Es hast dich geprägt bis jetzt und alles ist gut
und jetzt lebst du dein neues Leben voller Mut.
Denn jetzt kommt eines, das weißt du so sehr,
jetzt kommt.

DER WEG

... tauch mit mir in das Meer.
Alles hast du nun hinter dir gelassen,
nichts hat sich geändert,
du kannst es kaum fassen,
doch ein Funke in dir hat sich entzunden,
jetzt siehst du ihn, den Weg,
du hast ihn gefunden.
Das Licht leuchtet dir voraus und du
folgst ihm blind, du wirst immer kleiner,
als wärst du ein Kind, du siehst viele Dinge
am Wegesrand stehen, ohne Furcht hältst du an
... und jetzt kann man sie sehen.
Es ist Schlechtes und Schönes, Böse und Gut,
es ist himmlisches Licht und höllische Glut.
Es ist alles vorhanden, alles, was es gibt,
jetzt geh den Weg weiter,
denn da ist einer, der dich liebt.
Du weißt niemals vorher, was vom Wege
nach dir greift, du musst alles annehmen,
denn nur so wirst du gereift.
Verlass den Weg nicht,
sonst verlässt dich das Licht,
so stürzt du nach links oder rechts,
was da ist, weiß ich nicht.
Folge dem Licht, welches leuchtet dir den Pfad,
und weiche nicht ab auch nur
einen einzigen Grad!

Jetzt wollen wir gemeinsam
ein Stück des Weges gehen,
denn auf jeden können Ereignisse
und Situationen zukommen,
bei denen ein kleines Gedichthilfreich sein kann,
z. B. nach der Last eines jeden Tages
folgendes ...

RUHE

Ruhe, in dir lass ich meine Seele baumeln,
in dir darf ich schweben, fliegen und taumeln,
in dir darf ich lassen, fühlen und sein,
in dir bin ich geborgen, sicher und daheim.
Ich gehe in der Unendlichkeit weiter,
ich fühle und bin und alles macht mich heiter,
ich gehe bis zu einem Spiegel
und erkenne den Sinn
und sehe ganz deutlich,
dass auch ich erkannt bin.

Wenn du dich einsam und verloren fühlst,
sich Dinge verstärken,
die du früher kaum wahrgenommen hast,
sich die Angst wie ein Tumor ausbreitet,
können sich einige von uns
vielleicht hier wiedererkennen ...

ANGST I

Angst, du zeigst mir deine verzerrte Fratze,
du zeigst die Klauen mir
und schlägst mich mit deiner Tatze.
Du machst mich schwach,
bis ich geh in die Knie,
bis ich liege und ohne Verstand bin,
wie ein Stück Vieh.
Wenn, ja wenn nicht bei mir
das große Vertrauen wär,
ein Vertrauen auf den Einen,
das mich stark macht wie einen Bär.
Hab ich dich an meiner Seite,
sehe ich die Welt verzerrt,
seh ich nur Schatten und Geschwüre,
bis es in mir gärt.
Doch nehm ich das Vertrauen mit in mein Herz,
siehe, so vergeht auch der größte Schmerz,
bis ich wieder klar denken und sehen werde
und in mir aufnehme die ganze Erde.

ANGST II

Angst, du bist nichts weiter
als Schall und Rauch,
ich kann mich verstecken und fliehn,
das weißt du wohl auch,
ich kann mich verkriechen
und mach mich ganz klein,
doch immer und immer holst du mich ein.
Aus meiner Höhle heraus
schau ich dir ins Gesicht,
doch du weichst keinen Meter,
das versteh ich nicht.
Doch komm ich aus meinem Versteck heraus,
so seh ich dich kaum noch,
denn du nimmst Reißaus.
Ich stehe auf und gehe auf dich zu,
du blickst mich an und bist fort im Nu.
Du verstehst zwar noch,
mir schlimme Bilder zuzuschicken,
doch ich bin jetzt stark
und kann keine mehr erblicken.
Geh fort und begib dich ins Nirgendwo
und ich, ich werde wieder froh.

ANGST III

Komm heraus,
ich will dich sehen, zeig dich,
seh ich eine Katze, zeigst du mir einen Löwen,
seh ich ein Nachthemd,
zeigst du mir ein Gespenst,
seh ich eine Rose, zeigst du mir den Stachel,
du willst mein Freund nicht sein,
du willst mich!
Und jetzt, was willst du denn von mir,
ich nehm dich mit, wohin ich geh und steh,
mach dennoch alle Dinge nach meinem Willen,
kommst du nicht zu mir, komm ich zu dir.
Und siehe, ich gehe und komme auf dich zu,
oh Wunder,
der Löwe fletscht nicht mehr die Zähne,
die Rose sticht nicht mehr,
das Gespenst gibt mir mein Nachthemd
und ich habe neues Leben im Nu!

Angst ist oft der fruchtbare Boden für das Leiden,
schlimme Gedanken sind der Dünger,
daraus entsteht allzu oft ...

KRANKHEIT

Ach Körper, ich sehe dein Ächzen
und deine Wunden, wer, frag ich mich,
hat dich so geschunden?
Hat mein Geist deine Seele verletzt,
wehrst dich verzweifelt bis zuletzt,
doch der Kern in dir,
der Urquell allen Lebens
strahlt jetzt wieder und blüht auf.
Bedenke, kein gutes Wort und Tat
sind vergebens und du sollst wieder
leben und schwingen zuhauf.

Wenn die Dinge außer Kontrolle geraten,
entstehen manchmal auch noch Blüten
aus dem blubbernden Teich der Angst.
Eine davon ist ...

DER ZWANG

Tausend Dinge muss ich tun,
ohne einmal auszuruhn.
Mach ich auch die merkwürdigsten Sachen,
über die auch schon die Leute lachen,
erkenn doch ich allein ihren Zweck,
oh weh, schon hab ich die Nase im Dreck
und suche selbst dort nach schlimmen Dingen,
man sieht mich am Boden
mit den Händen ringen.
Seht her, ich habe es doch gewusst,
es hat seinen Sinn,
doch nur ich hab's gemusst.
Seht nur, was ich wieder gefunden hab,
als Beweisstück nehm ich's
mit bis in mein Grab.
Sieht denn außer mir niemand
die gefährlichen Sachen,
überall lauern sie, wie könnt ihr nur lachen.
Jetzt geht ihr hinaus und schüttelt den Kopf,
was ist das da nur für ein armer Tropf.
Kein Mensch versteht mich,
das macht mich sehr traurig,
doch etwas anderes noch,
das macht mich jetzt schaurig
... das Gespenst der Angst
steht in der Ecke mit höhnischem Grinsen,

wart nur ich will's dir heimzahlen,
wenn's sein muss mit Zinsen!
Ich geh auf das Ding zu
und schlag ihm ins Gesicht
und auf einmal seh ich's,
ich begreife das Licht,
das Licht der Erkenntnis
und das Licht des Lebens,
wie viel Leben lebte ich schon vergebens.
Doch das bedeutet mir jetzt nichts weiter,
ich habe erkannt und das macht mich heiter.
Ich habe gegen meinen eigenen Schatten
geschlagen und jetzt
will ich wieder kleine Schritte wagen.
Ich kleide mich an und geh hinaus
in die Welt und tue ab jetzt nur,
was mir noch gefällt!

Jetzt werden wir uns langsam
wieder aus diesem Tal herausfinden,
eventuell dankbar sein,
wenn wir davon verschont wurden,
und noch mehr Dinge betrachten,
z. B.

GUT UND BÖSE

Gut und Böse wachsen nebeneinander
einher wie Unkraut und Blumen
und die Algen im Meer,
wie die Kornblume du findest
im gemähten Stroh,
so findest du auch Efeu,
was da kommt von irgendwo.
Doch eines, das merk dir
und sieh genau hin,
das Heu ist im Schober
und erfüllt seinen Sinn,
die Kornblume steht in der Vase
und erfreut dein Herz,
der Rest, der bleibt draußen
und fühlt jetzt den Schmerz.

Gedanken erschaffen die Zukunft.
Wenn wir das wissen,
könnte auch das folgende Gedicht wahr sein ...

GEDANKEN

Gedanken fliegen umher so frei wie der Wind,
Gedanken bringen mich zurück,
als wär ich ein Kind.
Gedanken schweben voraus,
bis ich wär ein Greis,
all das können Gedanken
ohne Müh und ohne Fleiß.
Sie lassen mich durch das Fegefeuer gehn
und lassen mich auch die Blume
am Wegesrand sehn.
Sie bereiten mir, so ich will,
viel Qual und Pein,
aber lassen mich auch
ein Pferd auf der Wiese sein.
Sie quälen mich sehr, sie machen mich frei,
was sticht mich so sehr,
doch dem Wind ist's einerlei.
So will ich denn nun das Gute in mir
wieder freilassen, das gelobe ich dir,
will meinen Gedanken
die rechte Richtung geben
und lass die Sonne in mir
wieder ganz aufleben.

Lichtblicke gibt es überall, auch im ...

HERBST

Schon wieder ziehen graue Nebelschwaden,
das Land geht unter in der Stille.
Tod ist überall, kaum Leben,
ich bin von Kummer überladen.
Doch sehe ich nicht nur
mit den Augen voll Vertrauen,
sehe ich hin mit Herz
und ohne den Verstand,
erblick ich mehr Wunder und mehr Leben
und weiß, da ist jemand,
auf den kann ich bauen.

Doch noch andere Nebel können dir zusetzen ...

DER NEBEL

Nebel zieht grau durch meine Gedanken,
wohin ich seh, überall sind nur Schranken.
Ich kann gehn und lauf nur gegen Mauern,
was, oh was wird dahinter nur auf mich lauern.
Soll ich einmal,
ach einmal hinter die Mauern sehn?
Was könnte denn mir nur
so Schlimmes geschehn?
Bin ich doch hinter dem Schutz starker Steine,
ich glaub, ich versuch's, ganz einfach,
wie ich meine ... Ich stelle die Füße
auf einen Hügel voll Vertrauen
und schon spür ich's, etwas in mir,
auf das kann ich bauen.
Ich zieh den Kopf hervor
und auch aus der Schlinge,
ich blicke über die Mauer
... und seh wundervolle Dinge.
Ich sehe Kinder auf einer Wiese
und eines davon bin ich,
sie spielen unbeschwert und frei,
ja, jetzt seh ich auch mich.
Einst war ich ohne Verstand
und so auch ohne Pein,
jetzt will auch ich wieder ein Kind
auf dieser Wiese sein.

Und kaum habe ich diese Worte ausgesprochen,
ist auch die Mauer
aus Angst und Verstand umgebrochen.
Ich gehe auf die Wiese und bin wieder heiter,
ich nehm diese Weisheit mit
und lebe nun mit Liebe weiter.

Vielleicht bist du nun schon etwas stärker geworden,
hast Dinge wiedererkannt oder dich erinnert,
sogar schon einmal Lösungen gefunden ...
Wenn, dann gibst du mir sicher
in folgendem Gedicht recht:

VERTRAUEN

Vertrauen ist wie ein Fels
in der Brandung bei stürmischer See,
ich kann mich niederlassen,
wohin ich geh und steh,
ich atme nicht, es atmet mich,
ich habe nicht, ich bin, und jetzt,
da die Nebel in meinem Geist vergehn,
erkenne ich den Sinn ...

Wenn du nun schon kräftig genug bist,
kannst du vielleicht schon eines verschenken,
nämlich die ...

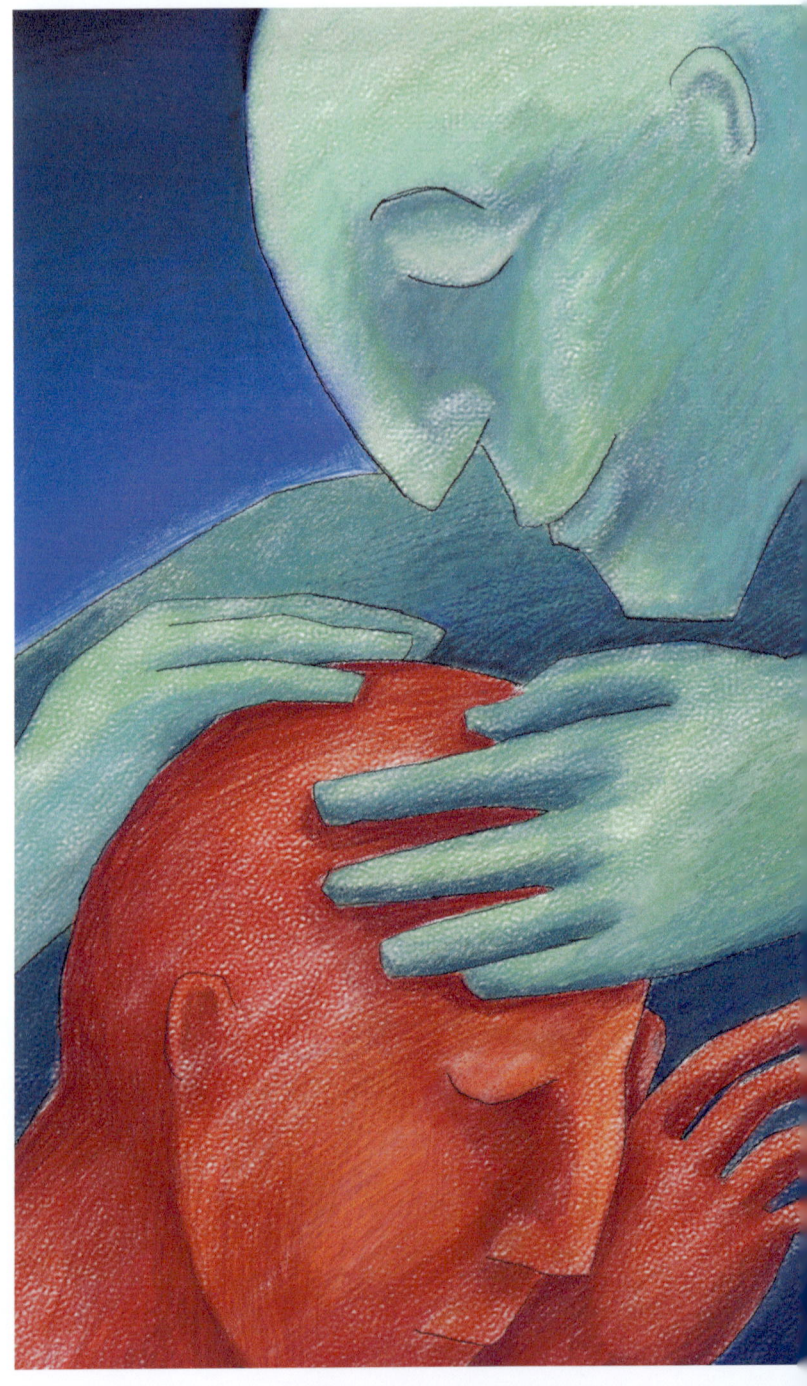

VERGEBUNG

Vergebung räumt weg die Trümmer
in meinem Herzen,
Vergebung zieht die Stacheln ohne Schmerzen,
es macht mich von Neuem immer froh
und wieder heiter und ich denke,
ich gehe noch einen Schritt weiter.
Denn der, der mir wirklich Böses antut,
bis ich schwach werde
und vielleicht verliere den Mut,
dieser Mensch braucht meine Liebe ganz sehr
und ich denke und glaube, ich tue noch mehr.
Denn ich gehe auf diesen Menschen zu
und gebe ihm ab von meiner neuen Ruh,
bis wir uns wieder in die Augen sehen,
uns anblicken
... und auf einmal verstehn.

Wenn dein Inneres zu Tage kommt,
entdeckst du sie vielleicht wieder neu,
die ...

LIEBE

Liebe überwindet die größten Mauern,
auch wenn vor dieser
die größten Gefahren lauern.
Liebe sprengt die Ketten in meinem Herzen,
sie macht mich heil
und ich bin frei von Schmerzen.
Sie bricht das Eis auch im größten See,
sie schmilzt sogar den meterhohen Schnee.
Sie strahlt von oben aus nach überall,
es ist wie ein großer, gewaltiger Schall,
sie regnet vom Himmel auf die Erde herunter,
wer sie auffängt,
den macht sie froh und munter.
Behalte sie tief im Innern von dir,
es gibt kein größeres Geschenk,
das glaube mir.

Und so du die Liebe verschenkst,
so soll dir auch eines zuteilwerden;
ein großes Geschenk ist die ...

GNADE

Gnade ist wie ein tausendjähriger Tropfen
auf dem ausgehöhlten Stein,
Gnade ist wie Wasser für den Durstenden,
ach, war sie doch mein,
du kannst sie dir tief im Innern erflehn
und doch bedenke, sie ist nur ein Lehen.
Hast du sie, dann nutze die gewaltige Stunde,
nimm sie an und tue überall davon Kunde.
Nutze diese übermächtige Liebe,
denn eines wäre schade,
oft gibt es sie sicher nicht,
diese wunderbare Gnade.

Wenn du Freunde hast, die dir viel bedeuten,
und diese einmal heiraten sollten,
so kannst du ihnen dieses Gedicht lesen ...

ZUR HOCHZEIT

Zwei Menschen stehen hier
und geben sich die Hände,
Liebe wurde geboren
und sie soll niemals finden ein Ende.
Es ist wie ein nie enden wollender Schall,
diese Liebe soll strahlen
in jeden Winkel und nach überall.
Eure Liebe soll trotzen jedem Unbill
und jedem Bösen,
Ihr selbst, Ihr könnt Euch
immer wieder lösen von allem,
was Euch auch immer widerfahren mag,
von heute an, bis auch zum jüngsten Tagsollt
Ihr Euch immer wieder von Liebe sagen und
niemals wieder an kleinen Dingen verzagen.
Denn dort ist auch jemand, der steht über allem,
der findet gerade an
Eurer Liebe großen Gefallen.
Er wird sein vom Anfang bis zum Ende
aller Dinge,
gebt Euch nun in Demut Eure Ringe
und vertraut nun ab jetzt in jeden neuen Tag,
egal, was auch immer auf Euch zukommen mag,
denn Ihr habt Euch
den Bund der Ehe geschworen,
seid von nun an nimmermehr verloren.

Ihr seid jetzt auf immer
mit den Einen verbunden,
Ihr habt Ihn gesucht
... und er hat Euch gefunden.
Fortan soll die Liebe Eurer Leben lenken
und Ihr sollt auch davon an andere schenken,
denn die Liebe ist wie ein nie endender Quell
und wer daraus trinkt, der erkennt sehr schnell,
dass er wiederum daraus abgeben muss,
denn die Liebe ist
wie ein nie endender Fluss!

Sollte an deiner Seite ein Mensch sein,
den du liebst und der dich braucht,
der zu dir hält und bei dir ist,
wenn du Geborgenheit suchst,
so könntest du ihm dieses Gedicht widmen ...

FÜR DICH

Lachst du, so lachen deine Augen mit dir,
weinst du, so ist auch deine Seele betroffen,
nichts Unechtes hast du, das glaube mir,
so sagen mir Gedanken,
welche sich in der Unendlichkeit getroffen.
Seh ich dich an, ist's, als blick ich in die Sterne,
berühr ich deine Hand,
geht auf die Sonne in der Ferne.
Es ist, als ob Millionen Lichter funkeln,
als kommt etwas Helles
aus der Kammer im Dunkeln,
als ob nach Gewitter die Vögel wieder singen
oder viele Freunde
dir tausend Geschenke bringen.
Du bist wie der Tau
auf den Blumen am Morgen,
seh ich dich an, vergehn all meine Sorgen.
Deine Augen leuchten
wie unendlich viele Sterne
wie die aufgehende Sonne,
ganz weit in der Ferne.
Halt ich deine Hand, geschieht etwas neues,
es ist wie das Aufblühn am Anfang des Maies,
als ob tausend Orchideen am Wegesrand stehn,
und dennoch ist's etwas,
das kann man nicht sehn.

Es ist etwas Schönes, das kann man nur fühlen,
etwas, das kann mir Verstand
und Herz aufwühlen.
Es ist, als sehe ich geradewegs in die Sonne,
ich bin ganz erfüllt von Glück und von Wonne.
Du siehst mich an
und mir zerschmilzt mein Herz
und dennoch fühle ich keinerlei Schmerz.
Du kannst es erraten ganz leicht und im Nu,
es kann nur eine sein, und das bist du!

Wir sind jetzt ein Stück des Weges
zusammen gegangen.
Viel schon geschah, viel kann vielleicht noch werden.
Wenn es einen Einzigen gibt,
der sich auf diesem Weg erkannt hat und auch
nur einen winzigen Nutzen vom Lesen hatte,
dann, ja dann hat dieses Büchlein
seinen Sinn erfüllt!